AF219135

© 2021, Christian Hofmann
Herstellung und Verlag: BoD – Books on
Demand, Norderstedt
ISBN: 9783754325858

Straßengold

Christian Hofmann

Kapitel 1:
Solche Tage

Formatierung
Auf'm Zahnfleisch
Solche Tage
Federwerkzeug
Feingedicht
Das Konstrukt
Meines Stückes
In die Ferne gerückt
Eingesperrt
Autor-Biografisch
Deiner Tage
Ein Lächeln im Gesicht (Widmung)

Formatierung
Autobiografie, 21.06.2021

Jeden Tag überlege ich
Ich mache mir Gedanken –
„Wie ich aus meiner Gewohnheit ausbreche"
*„Wie ich mein Leben zu einer Veränderung
gestalte"!*

Träume, Ziele, Wünsche
Und auch Ideen, davon besitze ich viele
Warum fällt es mir so schwer,
sie alle umzusetzen!?

Ist es einfach die Stärke der vertrauten
Gewohnheit!?
Kostet es so viel an Kraft!?
Benötigt es so viel an Formatierung im Hirn,
alles umzusetzen für einen Erfolg!?

Die Frage die sich mir doch stellt ist;
„Wie soll es alles weitergehen"!?
Wie viel ich auch noch schreib' –
Nix ändert sich, weil alles bleibt!

Ich drehe mich im Kreis
Im Karussell, ganz ohne Scheiß!
Nur der Glaube, der mich trägt –
Jede Hoffnung, die mich stärkt

Ganz deutlich, ja eindeutig –
Meine Stärke in Wort und Schrift!
Dass aus dieser Berufung,
verdammt nochmal, einfach nichts zu machen
ist!?

Die Verzweiflung steht mir wieder mal –
Ins Gesicht geschrieben!
Selbstzerstörerische Wut, fern – so, weit vom
Heldenmut!
Nichts ist geblieben!

Geschlagen, in den Zeilen wieder mal –
Einfach nur zerrissen!
Alles total verkackt, nur mal wieder perfekt;
„In den eigenen Schwanz gebissen"!

Versunken im Frust
Ganz tief unten, da gibt's keine Luft!
Nichts als Zerstörung – SCHREIBBLOCKADE!
Obwohl ich doch Zeit und Bock zum Schreiben
habe!

Eigentlich verdienen diese Zeilen –
In meinen Büchern, keine Seiten!
Doch zur Wahrheit, zum Erhalt – der Beweis,
dass nicht immer nur, gute Zeiten walten!

Auf´m Zahnfleisch
Autobiografie, 22.06.2021

Da ist dieser eine Moment
Du weißt, du wartest sehnlichst darauf!
Wie ein Feuer –
Welches tief in deiner Seele brennt!

Momentan lodert dort,
eine kleine Entzündung –
ungeduldig, angespannt
Du sehnst herbei, den Flächenbrand!

Mein Leben war nie –
Zu keiner Zeit, reibungsfrei!
„Auf'm Zahnfleisch gegangen"
Wunden-Brand zwecks Allerlei!

Alles gesetzt, viel verloren –
Wenig nur bekommen!
Ausgezahlt im Leben hat sich bloß;
„Verdammt, ich habe begonnen"!

Tränen vergossen
Tropfen auf dem harten Stein!
Schmerzen gefühlt
Sollte alles so sein!?

Solche Tage
Für die Seele, 23.06.2021

Mir bedarf es solcher Tage,
wie doch der diese ist
in der Sommersonne sitzen
so verfasse ich dieses Gedicht

Weit entfernt von Pflichtgedanken
Kraft und Energie –
Für meine Seele auftanken!
Frei von Manuskript und Publiziergedanken!

Einfach schreiben was ich fühle
Einfach über das, was mich bewegt
Spüren aus welcher Richtung,
der warme Sommerwind dreht!

Im ~NERO~ sitzen bei meinem –
Latte Macchiato Caramel
Gedanken schweifen, bis in den Abendhimmel
Lange bleibt es hell!

Nur das Jetzt, das Hier
Bewusst spüren und leben
Kein davor, kein danach –
Nicht am Rand oder daneben!

Federerwerkzeug
Literatur, 23.06.2021

Wie die Tinte sorgfältig,
doch die Buchstaben kreiert
Wie der Dichter sein Werk –
Auf dem Papier so fein selektiert

Das Gedankengut ist als ob,
der Dichter – Teile von sich transportiert
Jeder Hauch, jedes Wort –
Ihn doch gar verifiziert!

So beschreibt der Dichter in der Tat –
Den ganzen Wohlbestand
Mit dem Federwerkzeug, welches geführt wird
Von seiner Hand

Auf solch unterschiedlichen –
Emotionalen Ebenen
Die Seiten sprechen aus Eindrücken,
vom ganzen Leben

Welche Sorgfalt und welche so,
hochsensibel beschriebene Genauigkeit
Der Dichter liebt und lebt sein Handwerk
In jeder Zeile, zu jeder Zeit!

Feingedicht
Autobiografie, 24.06.2021

Die Zeit, für die innerliche Ruhe
-Kopf aus und abschalten-
Ich brauche es jeden Tag!
Mir kribbeln die Nerven
Und es zittert mein Körper –
Vollständige Gesundheit,
diese besitze ich nicht!

Einzusehen für mich
Ist es doch so einfach und schlicht!
Aber der Druck dieser Gesellschaft,
er entlastet nicht!

Auch das eigene ICH – dieser andere Teil –
Dieser Richter in mir!
Es ist ein hartes Schiedsgericht!
Dies ist Therapie – Schreibstunde
Mehr eine Klageschrift als, ein Feingedicht!

Gedanken, sie kreisen und kreisen
Sie sind in Rotation
Sie schwingen und finden –
Keine Endstation!

Das Konstrukt
Politik/Gesellschaft, 24.06.2021

Wer zieht all die Fäden,
bei all den kreisenden Krähen!?
Sie wollen uns lenken –
Auch dass wir nicht denken!

Das Konstrukt ist aufgestellt
Auf alle Breite, in aller Weite!
Sie wollen unsere Daten, alles von uns!
Brot und Spiele – sie verpacken die Kunst!

Soziale Medien, „tolle Netzwerke"
Digitale Emotionen, verfälschte Werte!
Die spinnen ein Netz voller Intrigen
Jeder will das Meiste haben von ihnen!

Sie entwerfen Gesetze
Immer mehr Pflichten als Rechte!
Gremium der „besonderen Art"!
Heiligenschein aus Stacheldraht!

Sie differenzieren in allen Klassen
Stadtbezirke, Ghettos!
Hauptsache aber ist und bleibt –
Es klingeln die Kassen!

Meines Stückes
Fantasy/Magie, 24.06.2021

Ich bin der Hoffnung fern
Gar so himmelweit
Es fiel der letzte Stern
Am Ende der Zeit

Wandele ich durch Schattentäler?
Abseits des Glückes?
Waltet des Königs Gnade?
Bin ich verloren meines Stückes!?

Ist die Zeit nur fließender Sand?
Nur Vergänglichkeit, sie hat Bestand!
Was ist des Lebens Elixier?
Bin ich Traun, gar nicht am Existieren!?

Bin ich gestrandet?
Fremder, Söldner – seines Reiches!?
Meiner Schulden-Rechnung
Ja! Ich begleiche es!

Bei aller Gunst, wo ist die Kunst!?
Ist das Leben nur Illusion?
Bin ich, oder bin ich nur ein Traum?
Sag mir, wer weiß dies schon!?

In die Ferne gerückt
Autobiografie, 24.06.2021

Träume und Ziele sind –
In die Ferne gerückt!
Denn es scheint,
als sei ich weit entfernt vom Glück!

Wo ist die Hoffnung?
Wohin verschlägt die Zuversicht?
Übernimmt die Dunkelheit –
Jeden Teil vom Licht!?

Schatten und Leere –
Sie scheinen mein „Seelenreich"
Gefühl, es ist hart wie Stein
Doch Tränen könnte ich viele weinen!

So bin ich wieder hier,
am Reimen und am Dichten
Aus allem Verderb –
All meiner Geschichten

Eingesperrt
Autobiografie, 22.06.2021

So viel Unrat, er haftet an mir
Wohin ich auch gehe!
Ein schlechtes Gewissen,
es brennt mir auf der Seele!

Schmutz und Dreck, jeder Fleck
Ist ein Muster am Seelenkleid
Alt, verblasst, alte Last
Gepäck aus einer alten Zeit!

Es ist alles doch in;
„schlechter Ordnung"
Bestes Chaos, ja ich weiß
Ich bin der Punkt, er dreht im Kreis!

Außer verbrannte Träume
Außer seelenlosen Räumen –
Gibt's nix zu sehen!
Fühlbar, spürbar nur Trauer und Schmerz!

Eingesperrt! In Grenzen, hinter Zäunen!
Gleiche Zeiten, die alten wie die neuen!
Gibt nix zu gewinnen, das ist Frust und Verlust!
Schauer legt sich nieder übers Herz!

Autor-Biografisch
Christian Hofmann, 24.06.2021

Alles was ich aufbaute
Ich machte es wieder zunichte!
Es ist geschehen, es ist passiert –
Es ist wie es ist, meine Geschichte!

Meine Wortfindung
Mein Sprachgebrauch
Mein Leben hat mir, mehr –
Als nur einmal den letzten Nerv geraubt!

Das Problem bin ich!
Das Problem bin ich!
Es ist mir selbstverständlich!
Doch wie ändere ich es!?

Es ist nichts, wie ich es gern wollte!
Doch es ist mein Leben!
Wie kann ich etwas verändern?
Wo zum Henker ist der Hebel!?

Es beißt, es fetzt – es zerreißt, verletzt!
Gescheiterte Existenz!
In meinem Herzen brennts!
Dies ist vom Autor – Biografisch
Hier kommt die Butter bei den Fisch!

Deiner Tage
Für die Seele, 24.06.2021

Jeder Erfolg, jedes Gelingen
Zeilen die es beschreiben –
Welche Münder auch,
dies doch besingen...

Auch Traurigkeit
Und so manche Niederlage
Emotion und Euphorie
An jedem deiner Tage!

Alles schluckt im Leben,
die Vergänglichkeit!
Drum genieße und lebe –
Deine Lebenszeit!

All deine Freude –
Auch Teil deiner Klage
Ich wünsche dir, möge dein Herz –
Auf ewig Hoffnung tragen!

Dieser Text, er ist wieder so einer
Er sprengt meine Emotion!
Doch sitze allein im Zimmer!
Aber zu lesen, bekommt ihr es schon...

Ein Lächeln im Gesicht
Widmung/Leben, 24.06.2021

Bei all dem Kummer
Und bei all der Traurigkeit –
In all meiner Deutlichkeit,
... da fällt mir ein Lächeln ins Gesicht,
Denke ich an dich...

Ich bin auf der Suche, um was ich will –
Doch zu finden!
Denn ich kann mich nicht abfinden, mit dem
wie es ist – so soll es nicht bleiben!

Ich kann mich gerade nicht niederlassen
Ich muss „Metern", im Lauf die Zeilen
verfassen!
So spreche ich in mein Gerät, welches
aufzeichnet, jeden Gedanken – der mich leitet
der mich trägt

Was wäre ich nur –
Ohne diese starke Wortmagie!?
Ich bin und bleibe der Teil –
Einer ganzen Gefühlspoesie!

Und ich laufe,
durch den warmen Sommerregen
Ich spüre den sanften Wind
Über meine Haut hinwegziehen

Es ist wie ein,
fein fühlbarer Segen
ich könnte endlos weiter –
Durch all die Straßen ziehen

...Und bei aller Traurigkeit,
so fällt mir ein Lächeln ins Gesicht
ich laufe einsam, ich bin allein –
Doch, ich denke an dich!

Es ist die Dichtkunst –
Vielleicht meines Lebens Poesie
Ich verfasse sie hier, zwischen dir und mir –
Zu meiner Lebensmelodie

Kapitel 2: Straßengold

Straßengold
Lethargie
Inkasso
Alles bleibt gleich...
Umwege & Hindernisse
Bundesjugendspiele
Schnüffelnase
Schande
Feuer am Horizont
Am Tablett
Aus dem Haus raus
Einen Gruß an euch (Widmung)

Straßengold
Liedermacher, 26.06.2021

Es sind die Momente
Die Begebenheiten
An allen Tagen, zu allen Zeiten
Menschen, Gesichter – sie bewegen
Sprechen, lachen, weinen – sie reden
Diese Eindrücke der Straße
Alle zusammen, sie sind mein –
Straßengold
Selbst der Müll, der Flaschenpfand, der
Gestank – das Leben ist, unbeschreiblich toll!

Jeder einzelne Mensch –
Ist ein Teil vom Ganzen, des Gesamt
Straßengold – das Bild,
aus allen doch zusammen stammt!
Wäre das ganze Leben –
Doch nur ein einziger Sommertag!
Es wäre das farbenfrohe,
bunte, lebendige Bild – mit wahrem Puls
Und mit euphorischem Herzschlag!

Das Straßengold –
Es sind die Menschen, die Geschichten,
es sind die Zeilen, die sie mir geben
Und ich darf sie dann verfassen, sie dichten

Lethargie
Autobiografie, 25.06.2021

Wo habe ich mich –
Nur herumgetrieben!?
Weit entfernt der Ziele,
auf der Strecke geblieben!

Es sind bloß Träume!
Nichts weiter als Träume!
Regungslos verharre ich,
in der Dunkelheit der Räume!

Alles geträumt
In den Gedanken, im Geist –
Da ist alles so perfekt!
Das heißt; es ist vollendet!

Doch die Leere des Lebens
Sie ist da und real!
Nix ist perfekt!
Zu oft sich das Blatt doch wendet!

Wo habe ich mich –
Denn nur rumgetrieben!?
Träume bleiben Träume!
In der Kälte zu Boden, wo ich liege!

Inkasso
Gesellschaft, 26.06.2021

Bank-Card, Bargeldlos
Credit, Cash! Das Geld, du bist es los!
Mahnung, Gebühr, Zahlungsverfahren
Ziel: Unser Geld, aus unseren Taschen haben!

Gebührenbescheid
Lastschrift, Vollzug!
Bankeinzug –
Null oder Soll beim Auszug!

Alle wollen deine „Knete"!
Bestelle! Kaufe! Los! Bezahlen!
Dein Geld in deinem Besitz –
Das wollen sie von dir haben!

Online bestellt! In 24 Stunden da!
Kaufrausch, Kaufglück! Was ein Trara!
Zuerst folgt – INKASSO!
Hast du erst die Pleite – geht's ins FIASKO!

Die haben deine „Kohle"!
Du hast vielleicht Plastik-Ballast!
Online-Stream vielleicht dazu –
In deinem „MÜDE-SEELE"-Palast!

Alles bleibt gleich...
Gesellschaft, 26.06.2021

Die Straßen sind dieselben
Nur die Zeit ist eine andere
Alles bleibt gleich, alles wie es war –
Und doch verändert es sich zugleich

All die alten Tage sind vorbei
Geschichte, alles längst geschehen
Lächelnd kann ich heute dem Wahnsinn –
Gar gelassen in die Augen sehen!

Bars und Kneipen
Klubs an Klubs
Wo ich bloß noch Erinnerungen trage –
Aber heute nicht mehr nötig habe!

Die Zeit ist vergangen und ich –
Ich habe durch die Fassaden geschaut
Damals allem noch gefolgt,
mittlerweile Eigenes doch aufgebaut!

Vielleicht war nichts vergebens
Aber vieles ist im Wind der Zeit verweht
Alles was heute nicht mehr ist,
ist egal, weil alles doch weitergeht!

Umwege & Hindernisse
Autobiografie/Leben, 26.06.2021

All die Momente –
Die Augenblicke im Leben,
in denen ich nur daran dachte;
A U F Z U G E B E N!

Ich könnte weinen
Einfach nur weinen!
Das Herz
Es ist so schwer wie Blei!
Was wars doch,
für eine Quälerei!

Immer diese Gedanken –
Zwischen Gelingen & Scheitern!
Nach dem Fall, wieder auf!
Nach dem Schritt zurück,
wieder weiter!

Im Augenschein doch –
All die großen Ziele!
Umwege & Hindernisse!
Von ihnen gibt's so viele!

Bundesjugendspiele
Teil vom Werdegang, 26.06.2021

Der Geruch von Turnhalle –
Geräteturnen, Sportunterricht
Er war so schrecklich!
So grauenhaft!

Anstelle von;
Fleiß und Leistung –
Habe ich jährlich gerungen
Schlussendlich Note 3 bis 4 erbracht!

Bundesjugendspiele –
Stabhochsprung
Weitspringen, 1000m-Lauf
Am Ende der Sprint!

Laufen ohne Ball, ohne Leder am Fuß
Es ergab für mich einfach keinen Sinn!
Beim Fußballspielen, da war ich mit vorn
dabei!
90 Minuten Schulstunde, wie eine
Fußballspielzeit

Den Ball schießen
Jubel verbreiten wegen einem Tor!
Fußball mag ich heute wie damals –
Immer noch, nach wie vor!

Schnüffelnase
Klamauk, 27.06.2021

Meine kleine Schnüffelnase –
Sie ist lediglich ausgelegt
Fürs Futter schnüffeln,
so wie die eines Hasen!

Mein Schulheft war –
Zerfleddert und zerzaust
Eselsohren – Blätter wie geschreddert!
Der Lehrer Haare, sie wurden krause!

Ich leuchtete nur mit einer –
Herkömmlichen Taschenlampe!
War kein Pfadfinder, aber bin ein Pfandfinder
Womöglich einer der Besten im Lande!?

Beim Volleyballspielen, da haute ich –
Beim Aufschlag, konsequent den Ball unter die
Hallendecke! Mit Wucht kam der Ball zurück –
Meine Mitschüler sprangen vor Schreck in die
Ecken!

Was soll ich sagen, warum etwas
beschönigen!?
Ein bisschen mehr Glück, vortrefflich ja,
könnte ich benötigen!

Schande
Politik/Gesellschaft, 28.06.2021

Es ist ja, heutzutage immer noch wie –
Seit eh und je, arbeitslos zu sein – eine
Schande! Doch wenn ich mir überlege, wie die
Einen oder Anderen, (über)leben hier in diesem
Lande...
Was ist eigentlich die Schande!?
Die Schande ist ein Verruf!
Der Ruf gesendet von einem Schandmaul!
Ein gutes Beispiel wie, wenn ich jetzt prangern
würde; „Der Penner säuft um 10 Uhr morgens
die Büchse Bier, mittags um 12 eine Flasche,
vom roten Wein!
Was ist die wahre Schande hier!?
Saufen oder zuschauen und lästern, die
Schande, sie ist wohl allgemein!?

Corona bietet das beste Beispiel!
Quarantäne, Lockdown, Einschränkungen!
Aber die EM 2020, Flaggen wehen –
Keinerlei Reisebeschränkungen!
Spieler, VIP'S und Bonzen – Prominente
Belangt wird bloß der „kleine Mann"!
Welche eine Schluss-Pointe!
Bin ich ertappt? Bin ich der Richter?
Bedeutungslos ist alles zugleich
Denn ändern wird sich gar nix! Es bleibt immer
alles gleich! LEIDER!

Feuer am Horizont
Träume, Ziele, Leben, 29.06.2021

Neue Richtung
Neue Wege
Neue Ziele zu denen –
Ich mich bewege!

Flammenspur am Horizont
Das Feuer brennt
Ich ziehe los, fest entschlossen
Rigoros und konsequent

Es gibt kein Halten mehr
Keinen Schritt mehr zurück
Volle Kraft voraus!
Auf der Suche nach meinem Glück!

Bei allem Schmerzempfinden
Bei all den Niederlagen
Tauchgänge und Abstürzen
Vergessen sind die Plagen

Zusammen geht man durchs Leben
Zusammen steigt man hinauf
Gemeinsam wird man fallen
Einsam aber, stehst du, wenn wieder auf!

Am Tablett
Literatur/Autobiografie 30.06.2021

Mal schreibe ich –
Selbsterklärend
Mal schreibe ich –
Zum Nachdenken anregend
Es ist die Leidenschaft zur Sprache
Es ist die Liebe zum Wort, die ich doch pflege!

Schreiben ist atmen
Meine Seiten –
Sie sind mein Sauerstoff!
Buchtstaben sind das Besteck!
Zeilen sind der Teller am Tablett!

Literatur ist mein Leben pur!
Ohne Zusatz von Konservierungsstoffen
Meine Suche nach dem Finden –
Die Beiden haben sich doch getroffen!

Fühlen, leben, spüren und sein
Ein Stück „ICH" –
Es steckt in jedem Reim
Ob große Worte oder schlicht und fein
Ob Welterfolg oder nur,
Millimeter-klein

Aus dem Haus raus
Klamauk 30.06.2021

Klaus hat ein Haus,
sein Untermieter ist eine Maus
Klaus will die Maus aus dem Haus!
Raus mit der Maus aus seinem Haus!
Diese Maus, sie laust Klaus
Denn sein Haus, ist für keine Maus!
Es ist kein Maus-Haus, sondern –
Es ist Klaus' Haus!

Die Maus muss raus!
Klaus, er heckt etwas aus!
Kommt die Maus – aus dieser Nummer raus!?
Das Haus von Klaus, soll sein - ohne Laus und
Maus!

Klaus, fährt zum Kaufhaus, auf dem Weg
So schaut's, steht er in mehreren Staus!
Die Maus nun allein Zuhaus, denkt sich welch
ein Schmaus!

Die Regale aber alle leer, welch ein Graus
Die Maus, nimmt fluchtartig – Reißaus!
Klaus kam wieder in sein Haus nachhaus'
Welch ein Graus, nach den Staus, Klaus, steht
allein im Haus, denn die Maus, sie zog aus!

Einen Gruß an euch
Widmung/Leben, 26.06.2021

So viele Jahre schon vergangen
Die Zeit zieht übers Land
Ihr seid nur vorausgegangen –
Und ich trage euch im Herzen, im Verstand!

An manchen Tagen,
fehlt ihr mir besonders –
Dieses Gefühl es lastet schwer
Doch seine Wege, kennt nur er!

Und der Glaube spendet Trost
Gibt Hoffnung auch zugleich –
Vielleicht auf ein Wiedersehen!
Auf jeden Fall aufs ewige Leben!

Die Zeit auf Erden –
Sie ist geliehen, zum Lernen und Schätzen
Schön euch gekannt zu haben!
Ich werde euch, solange ich lebe, nicht
vergessen!

Uns trennen nur Jahre auf Erden!
Während all der Lebenszeit –
Doch zeitlos erscheint mir,
so glaube ich – seine Ewigkeit!

Einen Gruß an euch...

Kapitel 3: Wolkenkratzer

Ich könnte kotzen!
Für kein Geld der Welt
Mobiltelefon
Wolkenkratzer
In meiner Wirklichkeit
Der tolle Arbeitsplatz
Nichts im Griff
Wohin des Weges?
Blog an Gott – Gedanken
Flashback
Zeichner

Ich könnte kotzen!
Depression/Reflexion, 01.07.2021

Ich habe mich;
Verloren in meinen Träumen
Verrannt in meinen Visionen –
In den Flammen des Feuers bin ich erstickt!
Die Ziele waren, viel zu hoch gestreckt!

Es ist so frustrierend, schmettert mich nieder
Was ich so mühsam, einst aufbaute
Es tut mir in der Seele weh, wenn ich mir –
Was nun ist, alles anschaue

Ich scheiterte an mir selbst!
Ich bin gescheitert in der Welt!
Ich will raus, ich will raus!
Ich will ein anderes Leben haben –
Nach meinen Vorstellungen will ich es haben!

Das Doofe an der ganzen Sache ist;
Seelische Leid! Mein seelisches am Ende-sein!
Man sieht den Menschen von außen,
doch sieht nicht in sein Inneres rein!

Ich bin meinen Weg gegangen
Gehetzt und auch getrieben!
Irgendwo auf dem Streckenverlauf –
Da bin ich bitterböse hängengeblieben!

Ich bin irgendwo unter die Räder gekommen
Keine Chance auf ein gutes Ende!?
Bereits schon verloren,
dabei habe ich nicht mal richtig begonnen!

Ich empfinde diesen tiefen Frust!
Ich habe diese unsagbare Wut!
Ich spüre dies alles und zugleich –
Unter nur einem Hut!

Ich könnte kotzen!
Ich könnte kotzen!

Das Herz es wirkt so müde und leer
Traurig und enttäuscht, der Gang fällt schwer!
Meiner Füße Schritte, ein Lauf durch alle Not!
Meine Seele fühlt nichts mehr, sie ist wie tot!

Für kein Geld der Welt
Lebenseinstellung, 01.07.2021

Es tut mir leid –
Du bescheidene Welt
So ich wie hier schreibe bin ich und ich,
verändere mich nicht, für kein Geld der Welt!

Sorry, ich bin so sentimental –
Depressiv, selbstreflektierend,
ich bin kein Entertainer, den sonst –
Sonst kotzte ich im Strahl!

Bei allem Geld der Welt
Ich halte nix von Verblödungstexten,
welche die Gesellschaft einlullen
Ich bin ein Denker, keiner dieser „Nullen"!

Ich habe ein Hirn, mit dem ich kann!
Ich nutze die Funktion, schau an!
Bei allem Geld der Welt
Ich bleib der Gesellschaftskritiker schlecht hin

Ich hasse eure Lügen, eure Intrigen
Und eure Spiele, die perfiden!
Lieber depressiv und nicht verdummt als,
mitgelaufen in der Masse und verstummt!

Mobiltelefon
Depression/Leben 02.07.2021

Brrr... Pssst... Pssst... Brrr... Pssst... Pssst...

Das Mobiltelefon ertönte
Die nüchterne Realität holte ihn ein,
aus seinen schaurigen und traurigen Gedanken
Vom trostlosen Seelenort!
Gerade war er noch ganz bei sich selbst
Voller Trauer und dem Gefühl von –
Schmerz und Verzweiflung so nah!

Das ernüchternde Gespräch, eine Einladung zu
einem eventuellen Jobangebot
Allerdings in der Versicherungsbranche!
Ein Vermittlungsangebot der zuständigen
Stelle, es festigte wieder einmal mehr, den
Gefühlszustand sehr deutlich!

Er weiß genau; seelisch, psychisch und
moralisch ist er dem Job nicht gewachsen!
Doch weiß er auch –
„Welche Wahl hat er denn schon"!?

Da ist sie wieder, die tolle Realität!
Der Zwang dieser Gesellschaft!
Wieder in eine Form gepresst zu werden, für
die er weder Konturen noch Empfinden
aufbringt!

Da ist jetzt kein Text, der ihn rettet!
Kein Traum, der ihm Flügel verleiht!
Entzündetes Herz, zerrissene Seele –
Ungeschützt dem nächsten Untergang geweiht!

Er ist fern jeder Hoffnung
Kein Glück, das ihm erscheint!
Gewiss ist der seelische Untergang!
Kein Halm, an dem er sich festgreifen kann!

Ein Fall in seinem Inneren
Er stürzt in die Tiefe!
In die Abgründe seines Seins!
Einsamkeit und Dunkelheit –
Bedroht von einer Ohnmacht, aber auch
vertrautes Lebensgefühl, so unheimlich auch
zugleich!

Seine bittere, feststellende Erkenntnis,
dass das Leben nach nix fragt!
Er soll lediglich das Instrument, das Werkzeug
anderer sein, welches deren Willen, in deren
Namen – durch sich, letztendlich nur ausführt!

Woher kommen seine Gefühle?
Seine Probleme der Anpassung?
Fragen die er sich immer wieder stellt!
ICH sein und ICH bleiben, was ihm dann aber –
Immer wieder einfällt!

Wolkenkratzer
Träume und Alltag 02.07.2021

Gerade träumte sie vom Meer
Vom letzten Urlaub, den sie dort verbrachte
Sie spürt den warmen und sanften
Sommerwind, welcher ihr als angenehme
Sommerwärme über ihre Haut streift
Im weichen Sand liegend, träumt sie

Sie träumt von einem Leben,
ein Leben welches ein anderes ist –
als wie das, welches sie führt!
Die Möwen am Meer, sie fliegen umher
Sie lassen ihre Geräuschkulisse erklingen
Sie lassen sie immer tiefer in ihren Traum
fallen

Wohlgefühl, Fröhlichkeit
Das Gleichgewicht ihrer Seele,
dieses nimmt sie wahr!
Es ist der Traum – *etwas ändern zu wollen* –
Sie möchte ihr Leben umgestalten!
Sogar ein Lächeln zeichnet ihr, dieser Traum
ins Gesicht!

Ehe sie noch tiefer abzutauchen scheint, wird
sie aus all der Ruhe gerissen!
Nicht gerade sanft, ertönt die Stimme im
Schnellzug;

„Nächste Haltestelle Frankfurt am Main –
Hauptbahnhof"!
„Alle Fahrgäste bitte aussteigen"!

Wieder einmal geht ein Traum zu Ende –
Und ein gewöhnlicher Tag beginnt für sie
Nun wieder 8 Stunden im Bürokomplex,
8 Stunden in diesem riesigen Wolkenkratzer
der Frankfurter Skyline – ihr Arbeitstag liegt vor
ihr!

Doch zur Freude des Tages –
Es ist ein Freitag und somit,
grenzt das Wochenende an –
Dieses lädt erneut zum Träumen wieder ein!

Und an dem Samstag,
an diesem Tag wird keine –
schrille, laute und rücksichtslose Stimme
ertönen, die auf die Haltestation verweist!

In meiner Wirklichkeit
Träume 02.07.2021

Ein Traum, der auf ewig –
Ein Traum sein wird und auch bleibt
Nur eine kleine schöne und hoffnungsvolle
Illusion in meiner Wirklichkeit

Dieser Traum,
der doch teils aus Natur –
auch teils aus Fantasie besteht
der Traum,
in dem alles möglich ist –
weil mein Gedanke ihn stetig trägt

Träume halten uns am Leben
Sprechen alle Zeichen auch dagegen!
Gegen dich – gegen mich – gegen uns –
Gegen unser aller Leben!

Wenn die Realität auch wieder –
Einen weiteren Tod leider stirbt
Es ist jeder weiterer, unserer Träume der,
der jedem Tod, etwas Endgültiges verdirbt!

Der tolle Arbeitsplatz
Liedermacher/Leben 02.07.2021

Mache deine Hausaufgaben
Passe in der Schule gut auf –
Dass du lesen, rechnen, schreiben lernst
Und Gleichungen aufstellen, den
dazugehörigen Rest auch

Sei schön fleißig in der Schule –
Dass du später einen Beruf lernen kannst
So dass du tolle Arbeit hast, Geld verdienst
Und du einen Lebensunterhalt dir leisten
kannst!

Doch was ist ein toller Beruf?
Etwa Personaldienstleistungskaufmann,
Zeitarbeit!?
Wo du konsequent, weil es in jeder Firma
wieder am Personalbestand klemmt, einen
seelenzerstörten Menschen entsendest –
Der bereits von Arbeitsplatz zu Arbeitsplatz
fliegt und rennt!
Dem zudem noch aus finanziellen Sorgen Herz
und Seele brennt!?

Oder etwa Versicherungsunternehmer!?
In der Rolle wo man dem Kunden doch –
Einen total überteuerten Mist aufschwatzt!?

Doch bei der Provision, sich dann die Hände reibt und sich dabei obendrein noch in die Fäuste lacht!?

Oder etwa in der Produktion, im Massenakkord!?
Zum Leiharbeits-Billiglohn!
Wo du gehetzt, die Würde verletzt und du getrieben wirst – in Depression und Frust!
Wo du ständig am Arbeitsplatz, das BGB auf die Maschine am Fließband legen musst!?

Der tolle Arbeitsplatz, auf dem man dich länger, wider deinem Willen hält!
Weil man dir sonst mit Kündigung droht und dir Faulheit und „keinen Bock mehr" unterstellt!?

Das Gremium der Gewissenweichmacher, der Vorgesetzten –
Spielerisch doch; *auf Gutfreund gemacht*
Letztlich ekelhafte Widersacher, was sie doch im Detail ausmacht!

Ich könnte ewig weiterschreiben
Und die Welt, die Gesellschaft hier erklären!
Doch wenn ich mich weiter in die Erkenntnis von Gier und Trieb nach Geld auf der Welt begebe –
So kann es dazu führen, dass ich mich hier noch übergebe!

Nichts im Griff
Autobiografie/Schmerz 03.07.2021

Wen interessieren schon –
Meine Klagen, meine Leiden?
Wen interessieren schon –
All meine geschriebenen Seiten!?

Warum –
Muss ich immer und
Immer wieder,
aufs Neue die Zeilen verfassen!?

Ich habe doch alles so –
Scheinbar gut im Griff gehabt!
Doch nun schlägt es mir, wieder fünffach ins
Gesicht! Ein Gefühl von Machtlosigkeit –
Wenn man so zusammenbricht!

Es ist schon ein hartes Leben
Unter einem stetigen Schmerzeinfluss!
Immer 1000 Gedanken im Kopf!
Sie kommen und sie gehen
Gewiss ist, ihr immer ständiges Wiederkehren!

Da ist so viel Last, die du –
Auf deinen Schultern hast!
Da drückt das ganze Gewicht,
an dem du zusammenbrichst!

Keine Hilfe eilt herbei!
Voller Schmerz, eine Quälerei!
Lässt es irgendwann mal nach?
Geht's irgendwann einmal vorbei?

Schmerzen die am Körper
Und in der Seele nagen
Ich beschreibe all die Leiden
All meine Klagen!

Wohin des Weges?
Gedanken übers Leben 03.07.2021

Wohin des Weges,
führt mich des Schicksals Pfad?
Mit gebrochenem Herzen –
Frage mich; „Was ich noch zu erwarten hab"?

So viele Menschen –
Doch einsam ich zieh´
Sag mir doch, sag mir –
Wo finde ich des Schicksals Schmied?

Meine Hufen sind längst abgenutzt
Sie sind lange schon verschlissen
Mir scheint als hätte der Weg,
mich als Fremder lange vergessen!

Dunkelheit bricht rein
Denn alle Lichter gehen aus!
Die Spinnen krabbeln in die Häuser –
Ich finde aus meinem Labyrinth nicht mehr
allein raus!

Wo ist des Schicksals Schmied?
Wohin führt mich mein Weg?
Trostlos, still und schweigend,
so meine Zeit vergeht!

Blog an Gott – Gedanken
Gedanken 03.07.2021

Lieber Gott –
Ich bin in meiner Gewohnheit doch,
so festgefahren!
In diesem ganzen Trott!

Nun wende ich mich, hier – wieder an dich!
Weil ich immer diese depressive –
Scheiße schreibe, als würde mir die –
Trauer sagen; „So ich wohl am Leben bleibe"!

Und ich bin mir doch bewusst,
dass ich niemals mein Leben „in Ordnung"
schreibe!
Doch es ist das Mittel, Therapie – die ich
betreibe!

Seelenschmerz seit der Kindheit
So dermaßen übel ist er mir vertraut!
Wie Narben so tief eingebrannt –
Sichtbar nur von innen, unter meiner Haut!

So schreibe ich Text um Text
Buch um Buch
Solange ich, im Leben wohl nur kann!
Schmerzen, Leid – kenne ich seit Beginn an!

Ich sehe und fühle das Leben
Doch verstehe ich so vieles nicht!
Ich sehe Reichtum, ich sehe Armut
Krieg, Kummer –
Es stapeln Reichtümer ihr Geld!
Es ist der Verderb,
die Gier, sie infiziert –
viele Menschen auf dieser Welt!

Wer schon viel besitzt
Er will immer mehr!
Und nach mehr – ist die Sucht ihrer Gier noch
stärker, der Verfall –
Er ist sichtbar, gar – wirklich sehr!

Aber warum schreibe ich dies alles?
Du siehst es gewiss doch selbst!
Ich wünsche nur; - du bist da –
Wenn du siehst, dass alles hier zerfällt!

Flashback
Erinnerung/Leben 03.07.2021

So viel ist hängen –
Und auch liegen geblieben
Rückblende, Zeitraffer
Viele Zeiten habe ich beschrieben!

`14 bis `21 – nun schon 7 Jahre!
Viele Momente zu Grabe getragen!
´14 – Ein Neuanfang
´21 – wieder Scherben doch bislang!

´15 - Vorbereitung auf so einiges!
´16 - Rauf aufs neue Gleis!
´17 - Ohne Worte!
´18 - Beendet! Zeit war schwer, ich weiß!

´19 – Bist du gegangen
´20 – Neuer Stern am Himmel
´21 – Sommertraurigkeit – ich fühle sie!
Wo ist die Zuversicht? Ich habe keinen
Schimmer!

Flashback – gefilterter Blick
Hole all die Bilder nochmal zurück!
2014 bis Ende 2016, 2017/2018 - Neubeginn
Homberg Efze bis Frankfurt am Main, alles mit
drin!

Zeichner
Autobiografie 03.07.2021

Ich denke und ich träume –
Mein Leben!
Ich bin der Zeichner, Betrachter –
Ich stehe daneben!

Nur von Träumen allein,
weiß ich auch, wird's niemals anders sein!
Ich muss das Schreiben wohl beiseiteschieben
Was ist mir von allem denn geblieben!?

Ich möchte meine Zeit –
Nicht länger mehr verschwenden!
Kann sich nicht endlich alles –
Endlich, zum Guten wenden!?

Bei allem Glanz des Lebens
Matt und abgerieben ist mein Sein!
Hindernisse überquert –
Äste, Mauer, Zaun und Stein!

Wird mal wieder Zeit zu leben!
An der Zeit, im Leben wieder einzutauchen!
Weiter immer weiter, immer weiter –
Meiner Spuren, Zeit entgegen!

Kapitel 4:
Kapitel ohne Titel

Kurz- und langfristig
Sicht und Schicht
Beschaulich
Kapitel ohne Titel
Eisberg
Zeile um Zeile
„Euer Erwachsensein"
An der Haltestelle
Party
Pass gut in der Schule auf!
~La Siesta~
Nachruf
Was ich lebe, was ich fühle
Jeder Droge seine Sucht

Kurz- und langfristig
Selbstreflexion 03.07.2021

In meinem Zwiespalt zwischen;
Kurz- und langfristigen Zielen
Ein großer Wunsch auf Veränderung!
Der Drang ist erdrückend, bekräftigend
Mir schlägt es aufs Gemüt, auf alle Gefühle!

Doch ich glaube so sehr daran
An den Tag – an dem alles mal werden wird!
Wirke ich auch oft wie; ermüdet, willen-, kraft,-
und mittellos!

Es kommt die Zeit, es kommt der Ort
Es lohnen sich alle meine Schritte!
Dieser Platz besteht aus reinster Hoffnung –
Er trägt meines Lebens besten Titel!

Es ist der Drang, er drückt
Doch denke ich eine Zeitlang zurück
So befinde ich mich im Sommer 2015 –
Wo all der Druck gewichen war, der beste
Sommer, war wohl in diesem Jahr!?

Und jetzt hänge ich wieder mal –
In diesem Schlamassel drin
Der Drang drückt, mein Lebenssinn –
Keiner versteht mich, ich hänge im Dilemma
drin

Sicht und Schicht
Gesellschaft 03.07.2021

Ich sehe das Leben aus meiner und –
Auch aus allerlei Sicht
Ich bin ein Teil vom Ganzen –
Im Kollektiv, in der Klassenschicht!

Groß geworden im Dorf
Schulzeit war alles andere als leicht
Wie Spaghetti im Teller, so mein Werdegang –
Dieser Verlauf ihm gleicht!

Mittlere Reife –
Bei schwerer Katastrophe!
Schiefer Klang –
Bei meiner Bewerbungsstrophe!

Schulabschluss, mit ach und Krach!
Mein Leben zu mehr als einem Buch verfasst!

Und wo stehe ich nun in der Gesellschaft?
Was habe ich gewonnen, was verloren?
Rauer Wind im Regensturm –
Er schlug mir um die Ohren!

Ein harter Gang auf diesen Rang!
Kämpfen muss ich wohl –
Mein Leben lang!
Innerlich getrieben, starker Drang!

Beschaulich
Historisch/Kryptisch 04.07.2021

Alles an und für sich –
Ist es doch beschaulich
Welch Wunderwerk das Leben ist
Fehler und Patzer, sie schwinden im Nebellicht

All die Wolken die am Himmel stehen
Ziehen auf, ziehen weiter –
Es herrschen die Wächter der Welt
Auf dem Pfad der sicheren Reiter

Der Weltenball, er dreht
Um die eigene Achse wieder und wieder
Die Menschheit sie zieht,
bewegt sich und singt Hymnen- Lieder

Bauwerke, einzigartige Monumente
Historisch und geheimnisvoll
Mystisch, kryptisch –
Gigantisch, in aller Ehre all dem Soll

Paläste, Schlösser, Burgen und Ruinen
Um die Welt gesegelt, einst –
Entdeckungen gemacht
Meer und See, Hitzewelle und ewiges Eis

Kapitel ohne Titel
Leben/Gedanken 05.07.2021

Ein weiteres Stück des Buches,
mit Leben geschrieben
Real-neutral, theatralisch –
Und mal hochsensibel

Gehen mir allmählich –
All die Ideen aus?
Ich fühle mich wie im Angebot,
vom totalen Schluss-Ausverkauf!

So ist dieses Kapitel –
Wie der Text „ohne Titel"

In meinen Gedanken,
Augenblicke die mich leiten –
In Gedanken versunken, - da!
Da ruft ein Kind am Pflasterstein lauf auf;
„Captain America"!

In der Tat, ja! Zum Verwechseln nah –
Mein Stern auf dem Shirt, er macht mich kurz,
fälschlicher Weise zum Superhelden, zum
Kinderstar!

Und fast gar doch –
Einen Moment nicht aufgepasst
So hätte „Ohne Titel" fast,
den Titel des Textes „SUPERSTAR" erhascht!

Und heute ist wieder –
Noch zu allem obendrauf
Ein berühmtes und bekanntes Montagstief!
Vielleicht hängen aus diesem Grund auch,
sämtliche meiner Gedanken schief!

Eisberg (Songtext)
Autobiografie/Düster 05.07.2021

Wohin ich treibe
Wohin ich zieh´
Es gibt kein Entkommen
Ich überliste nicht mein Gefühl!

Ich könnte schreien
Denn ich fühle mich so unverstanden
Ermüdet von dem Blindflug –
Es gibt keinen Platz zum Landen!

Bridge:
Nichts beschreibt gerade besser
Meine gesamte Situation –
Auf der Flucht vor mir selbst,
vor meiner seelischen Eskalation!
Ich verfasse hier gerade meine –
LEBENSREKLAMTION!

Refrain:
Und der Wind pfeift in voller Stärke,
mir um meine Ohren!
Im heißen Sommer fühle ich mich wie –
In Eiseskälte erfroren!
Da ist kein Land in Sicht
Und mein Herz es bricht!
Ich zerschelle an dem Eisberg
Denn zu sehen war er nicht!

Jede Landebahn bleibt mir verwehrt!
Befinde mich so ziellos am Radar
Ich steuere ohne Ruder –
Dauerhaft somit verkehrt!

Und was ich doch sehe
Ist was doch viel verspricht!
Aber ich bin die Dunkelheit –
Für die Helligkeit des Lichts!

Alles was ich hatte
Das habe ich verloren!
Einen weiteren Tod gestorben
Ich bin im Sommer, bei aller Hitze erfroren!

Brdige B-Part:
Kein Weg führt mich hier raus
Nur jeder noch tiefer rein!
Mein Herz aus Kohle, alles verbrannt
Die Seele wurde hart wie Stein!

Refrain:
Und der Wind pfeift in voller Stärke,
mir um meine Ohren!
Im heißen Sommer fühle ich mich wie –
In Eiseskälte erfroren!
Da ist kein Land in Sicht
Und mein Herz es bricht!
Ich zerschelle an dem Eisberg
Denn zu sehen war er nicht!

Ergibt es einen Sinn –
Dort wo ich gerade bin!?

Nichts geht voran
Und so farblos ist das -ZURÜCK-
Und nichts, nichts ist zu sehen
Alles tot und trostlos –
Nirgends schimmert ein bisschen Glück!

Zeile um Zeile
Autobiografie/Düster 05.07.2021

Jetzt sitze ich hier –
Und ich verweile
Betrübt ist mein Gewissen
Zeile um Zeile
Doch wenn, ich einfach nur –
So da sitze und reime
So betreibe ich wieder wie doch so oft,
Gegendruck, all meinem Leiden!

Flucht und Entfliehen
Lebend durch, Atemnot und Elend ziehen!
Der Himmel färbt sich im Abendbild
Das Herz es schlägt laut und wild!
Gedanken und Gefühle pochen
Es drückt und klemmt!
Meine Seele sie ist wundgestochen
Alles haftet zwischen Herz und Knochen

Tief in Gedankentrauer bin ich –
Wieder einmal versunken!
Wie betäubt, ganz benebelt
Doch habe ich mich gar nicht betrunken!
Wieder mal beschrieben hier,
eine Seite mit dunklem Herz
Last und Seelenkummer –
Ich seziere, es weicht der Schmerz!

„Euer Erwachsensein"
Leben/Gedanken 06.07.2021

Mein letztes ehrliches Lachen –
Es ist mit Staub bedeckt!
Dieses gekünstelte, gelernte Belächeln
Ich habe es satt! Ich trage es nicht mehr!

Willkommen im Leben!
Wo jeder doch seine Rolle spielt!
Wo Ehrlichkeit nix zählt,
weil man mit ihr kein Geld verdient!

Ist „euer Erwachsensein"
Ist es denn, wirklich so lebenswert?
Ich wünschte ich wäre das Kind geblieben!
Für das „einfach leben" zählt!

Heute durchschaue ich-
All eure miesen Spiele!
Alles inszeniert, bin ich das Mittel –
Der Zweck, aller eurer Ziele!

Ihr macht echt vor gar nichts Halt!
Eure Welt – ist nur das Geld!
Eure hässliche Kreatur in Menschengestalt
Euer Verderb, er hat euch abartig entstellt!

An der Haltestelle
Gesellschaft 06.07.2021

Der Obdachlose!
Er sitzt um 11 Uhr –
An der Bushaltestelle
Mit ´ner Flasche Bier in der Hand!

Was für eine –
Traurige Gesellschaft!
Solche Gedanken,
sie ziehen durch meinen Verstand!

Und der Regen fällt
Er plätschert so bedenkenlos –
Auf den Grund, auf den Asphalt
Er bewässert die Erde der Welt
Oder sind es Tränen –
Und es hat bloß nur niemand erkannt!?

Noch nahezu im gleichen Moment
Sehe ich die Trauer in seinen Augen,
die schon vor Verzweiflung brennt!
Und ich fahre mit dem Auto –
An dieser Haltestelle im dichten
Straßenverkehr vorbei
Dieser kurze Augenblick, dieser Moment
Mein Blick aus der Fensterscheibe –
Es prägt sich ein dieses Bild, welche eine
Traurigkeit!

Party
Politik/Kritik 06.07.2021

In den oberen Reihen
Da wird getanzt, sie sind am Schreien!
Man hört ihre Ausgelassenheit –
Entfernt dem Elend da draußen, ganz weit!

Whisky und bester Wein
Er fließt, wird eingegossen
Sie machen Party, Realität ausgeknipst
Fenster und Türen, sie bleiben geschlossen!

In totaler Überheblichkeit, so werden zur
Freiheit, Gesetze hingekritzelt
Auf die Kosten des Volkes, der Gesellschaft!
Auf dass ihr, im Angesicht eurer Arbeit
schwitzet!

So haben sie wieder einmal
Neue Gesetze erschaffen
Die Bürger dürfen sich daranhalten!
Alle Werktage lang, ohne Pausen zu haben!

Die Arbeitszeit, so viele Stunden –
In einer Woche wie es nur geht!
Am besten so viele Lebensjahre,
dass die Rente, niemand von ihnen erlebt!

Pass gut in der Schule auf!
Werdegang/Leben 06.07.2021

Das Leben ist so mühsam
Bei trockenem Sekt und pisswarmen Wein!
Wozu der Fleiß, um welchen Preis!?
Es sind nur Tropfen auf dem heißten Stein!

Es geht nicht ums Geld verdienen!
Geht ums über die „Runden kommen"!
Wenn du dies verstanden hast
Ist ein Teil des Weges schon gewonnen!

Du erinnerst dich zurück
Früher sagten sie ~Pass gut in der Schule auf~
Heute reflektierst du jede Zeile
Von deinem wertvollen Lebenslauf!

Nur der Reiche wird noch reicher
Im Anzug und mit den Lackschühchen
Den Menschen ausbeuten und abzocken
So sind deren Leben – in sauberen Tüchern!

Und die Lehrer haben gepredigt –
Auch der Eltern Worte noch im Ohr
„Pass gut in der Schule auf"!
Heute weiß ich es zu schätzen, mehr als je
zuvor!

~La Siesta~
Leben/Aus Marburg 07.07.2021

Ich sitze mal wieder in der Oberstadt
In Marburg, im ~La Siesta~
Direkt daneben ist das ~Typopoetry~
Eine Papeterie, so fühle ich in jedem Stadtteil –
Dieser Stadt, mich heimisch, mich pudelwohl –
So herrlich ist es in Marburg,
Mon Cherie, c`est la vie

Und aus der Cafe-Bar ertönt hörbar
Auch hier draußen, spanische Musik
Hier kommt wahrlich Urlaubsfeeling auf
An dem warmen Sommertag,
morgens um halb elf
Ja, Marburgs Straßen sind meine Traumfabrik!

Ich sitze am feinen Holztisch,
dazu ein Cappuccino
Und ich schreibe aus dem Leben,
Sommersonne –
Bliebe doch der Sommer bitte bis zum Ultimo
Hier in dieser Stadt, kenne ich jeden
Pflasterstein
Marburg an der Lahn, so schön kann doch die
Heimat sein

Nachruf
Erinnerung/Leben 07.07.2021

Wir hatten Momente –
Zusammen, gemein
Jetzt trage ich die Trauer
Allein –
Mit mir, noch all meine
Wege weit
Bis ans Ende meiner
Lebenszeit

Was ich lebe, was ich fühle
Autobiografie 07.07.2021

Alles was ich lebe, was ich fühle
Versuche ich festzuhalten beim Schreiben
Gefühle und Gedanken vermitteln wollen –
An euch, die es lesen, in allen Zeilen

Am Lebensgefühl teilhabenzulassen –
Es erscheint mir immer als Wohlbefinden
Als würde ich meiner Berufung folgen
Worte die gleiten, wie frische luftige Winde

Diese Reimgedanken die strömen
Sie sind so angenehme Lebenszüge
Poesie zu fühlen, gerade an schlechten Tagen –
Als würde nichts das Wasser trüben

Alles frisch, alles so klar
Alles rein und lebensnah und echt
Ich würde es euch gerne abgeben –
Diese Worte, sie geben mir aller Mittel Recht

Dichter und Denker sein
Für mich nur, ganz allein –
Dies kann ich nicht, drum sollen meine Zeilen
Mit euch in den Texten geteilt sein

Jeder Droge seine Sucht
Provokative Lyrik 07.07.2021

Jeder Droge seine Sucht
Ausweg ins Exil, Rettung aller Flucht!
Der Junkie braucht sein LSD!
Die Regierung ihre BRD!

Der Dichter dichtet –
Text um Text!
Alles im „Speed" alles schnell –
Schneller, Eilexpress!

Die Politik und ihre Sucht nach Geld
Alles im Griff, Hebel dieser Welt!
Versklaven, versteuern, verschiffen –
Die haben einen „blassen Dunst" vom Leben,
als würden sie allesamt da oben kiffen!

Doch jeder Droge seine Sucht
Ein jeder tut, was er tun muss!
Der Maler malt, der Dichter schreibt
Die Regierung zockt ab und das weltweit!

Sie werden chauffiert in noblen Kisten
Unser einen darf rennen auf den Pisten
Die „bessere Klasse" diniert da oben
Gelegentlich, so kommt auch einer immer mal
wieder, runtergeflogen!

Kapitel 5:
Alles Kunst!?

Alles Kunst!?
Maß und Gewicht
Herr Klappert
Längst verloren
Amtsvorlage
Taschengeld
Willy und Wally
Mensch oder Bastard!
~Enge Gasse~
Sonnendach

Alles Kunst!?
Gesellschaftskritik 08.07.2021

Corona und die Politik
Ist es alles Schwindel –
Ist es Wahrheit oder
Alles Zaubertrick!?
Also, ich sage mal so –
Dieses Theater, ein Hin und Her
Stoffmaske, FFP2 und
A little bit mask-affair!

Würde ich arbeiten wie die Politiker
Mich würde man sofort entlassen!
Ohne Meeting, ohne Stellungnahme –
Einfach vor die Türe lassen!
Politiker ohne Furcht und Tadel
Da trifft der Kopf keinen Nagel!
Sie wissen nix, sind ahnungslos!
Reden schwingen, das können sie groß!

Können sich zum Affen machen!
Uns groß zeigen, wie sie Gesetze schaffen!
Einige Doktoren-Titel gefälscht
Werden gefahren in Nobelkarren!
Mit jeder Reise, so schiffen sie um die Welt!
Bekommen für all den Mist, noch eine Stange
voll Geld!

Ist das alles Kunst!?

Maß und Gewicht
Philosophie/Leben 08.07.2021

Ohne Werte
Ein freies Dichten
Gleicht dies etwa einem,
urteilsfreien Richten!?

Sehen, doch nicht handeln!
Verstehen, doch nicht wandeln!

Zeuge der Zeit
Alles Wissen es schweigt
Kein Wort es beschreibt
Nichts zum Erhalt – was bleibt!?

Stumme Wahrheit
Vergängliche Realität
Kein Sterbenswörtchen,
welches die Vergangenheit erklärt!

Raum und Zeit
Maß und Gewicht
Ein Wandeln zwischen
Schatten und dem Licht

Fülle und auch Leere
Leichtigkeit und die Schwere

Herr Klappert
Klamauk 08.07.2021

Bei Herrn Klappert –
Da klappert alles
Doch klappen, dies tut da nichts!
Er sitzt von morgens bis abends –
Im Sessel, des Büros,
beim gedimmten Kerzenlicht

Sein Computer
Ist eine alte Schreibmaschine
Seine E-Mails gehen mit der Post,
auf Reise im Briefversand
So wird das nichts, bei aller Liebe –
Neue Technik,
die bei ihm noch keinen Einlass fand!

Und das Telefon, ist noch eins mit einer
Scheibe, sie wissen schon...
Um am Tage Strom zu sparen, ist dies besetzt
nur an allen Donnerstagen!

Beim alten Herrn Klappert, da klappert alles –
Nur mit den Kunden, mit denen klappt es nicht
Sein Büro auf Neuzeit umzustellen, mit
moderner Technik, kommt für ihn in die Tüte –
nicht!

Längst verloren
Autobiografie/Depri 08.07.2021

All der Schmerz –
Und das Schlimme am Leid
Es ist nicht mein Versagen
Oder eigene Wunden am Leib!

Das Schlimme ist auch nicht –
Mich abgefunden zu haben mit;
All meinen Niederlagen,
mit meiner Trauer an fast allen Tagen

Das Schlimme an allem ist –
Menschen enttäuscht zu haben!
Jene, die meinetwegen –
Kummer und Sorgen mit sich tragen!

Das Schlimme ist nicht, meine Innerliche
Zerstörung von Herz und Seele
Es ist der Schmerz, den ich meinetwegen –
Bei ihnen sehe!

Weil ich nicht funktionieren kann
Weil ich scheinbar nicht richtig bin –
Tut es mir verdammt weh und leid,
weil ich allein, schon längst verloren bin!

Amtsvorlage
Aus dem Leben 09.07.2021

Es ist immer dieses;
„Mit den Amtsvorgaben" –
Beim Amt mit den ganzen
Amtsformularen und Amtsvorlagen

Doch fällt es mir –
Zum Glück, nicht ganz so schwer mit –
Wort und Schrift,
in dem ganzen Schriftverkehr!
Weil ich, selbst ja auch –
Allzu gerne Texte verfasse
So kann ich mit ihnen im
Schriftverkehr verkehren!

Bei meinem Fall, an dieser Stelle
Bleibe ich am Ball der Einzelfälle!
Denn in dem ganzen Gefecht – geht's manches
Mal, doch echt recht krass zur Sache –
So ich, in aller Ruhe mir Gedanken mache

Und vielleicht geschieht das,
eine oder andere, unerwartete,
wie das plötzlich, kürzlich –
geschehene Ereignis einer jenen, Hinfälligkeit
Ein Formular für die Tonne, ach vielen Dank für
ihre Zeit!

Taschengeld
Autobiografie/Jugend 09.07.2021

Ich war ein Idiot!
Oh, ich war so dumm!
Viel Zaster, viel Kohle verbrannt –
Doch die Zeit, diese ist um!

Taschengeld und Ausbildungsvergütung –
Steckte ich in manche Videospiele
Somit wurde die Industrie gefüttert, mit
meinem Geld, dem hartverdienten!

Damals war`s mir leider egal!
Denn es machte Spaß!
Heute kommt die Einsicht!
Abzocke! Das war`s!

Das Geld war nicht verloren
Lediglich verplempert
Zu meiner Spielefreude –
Zahlte ich, Millionären noch zu den Gehältern!

Spieleindustrie –
Sie freute sich über Jungs wie mich!
Heute habe ich es durchschaut!
Ich denke mir; „Nun mehr ohne mich"!

Willy und Wally
Worte-Klamauk 09.07.2021

Dalli, dalli!
Husch, husch die Waldfee!
Willy und Wally –
Haben einen im Tee!

Ein Auge im Dorn
Der Arsch ist offen!
Bei Odins Zorn!
Du liegst im Wald – besoffen!

Mach hin, zack-zack!
Im Feuer drin, flick-flack!
Aus der Pistole, aus dem FF!
Affenzirkus – Ich nix, du Chef!

Der Bogen ist gespannt!
Die Ziellaufbahn ist exorbitant!
Ellenlang und Mega-groß!
Wund ist der Punkt, nächster Stoß!

YOLO! NO RISK – NO FUN!
LOGO! Ein Jeder tut, was er nur kann!
Gehe Steil, hart am Limit!
Knoten im Seil, lass los oder nimm mit!

Mensch oder Bastard!
Stellenangebot/Arbeit 09.07.2021

Fällt der Hammer oder –
Fällt der Hammer nicht!?
Ja oder Nein!?
Denn dazwischen gibt es nichts!

Werde ich auch einer dieser
Betrüger und Lügner!?
So ein abgezockter –
„Aufschwatz"-Unternehmer!?
Gepolt und programmiert
So von der Stange – STANDARD!
Es ist der Unterschied für mich, zwischen;
SEI MENSCH oder WERDE BASTARD!

Ich trage schon immer meine ehrliche Haut
Auf den finanziellen Abzocker-Weg –
Habe ich noch nie gebaut!
Die Verlockung des Geldes – es greift zu;
Wem gefällt es!
Unnütze Konditionen verkaufen!
Für keinen Menschen zu gebrauchen!

Von dieser betrügerischen Branche –
Da halte ich mich weitgehend fern!
Ihr Vertreter und Gaukler,
habt auch weiterhin, an meinem Hintern gern!

~Enge Gasse~
Liedermacher/Aus Marburg 09.07.2021

Heute sitze ich hier zwischen der;
~Enge Gasse~ und dem ~Schlosssteig~
Draußen am Pflaster, am Tisch beim
~EARLY~ dort verbringe ich gerade Zeit

Und ich achte ganz bewusst auf meine Atmung
Auf das EIN und auf das AUS –
Lasse Gedanken schweifen, Momente ziehen,
kommen und gehen, ich schreibe sie auf

Es ziehen so viele Menschen, so viele
Gesichter an meinem Tisch vorbei –
Tausende von Lebenseindrücken, verblüffend
So viel Leben, an einem Punkt zur selben Zeit

Um mich herum stehen die alten, aber doch so
schönen Fachwerkhäuser – und ich sehe all die
Schaufenster der Läden und es wirbt der
~BÜRSTENMACHER~ mit Besen, Borste, Fäden

Und in der ~Wettergasse~ sticht das;
~HAUS DERN~ heraus
Ein Schild mit der Aufschrift „zu vermieten"
steht ganz groß auf dem Schaufenster von
innen drauf!

Sonnendach
Gedicht/Poesie 09.07.2021

Ein neuer Tag blüht auf
Am weiten Horizont des Lebens
In all der wunderbaren –
Farbenpracht,
steht am Himmel auf das,
Sonnendach

Wolkendecken,
sie bedecken sanft das Landschaftsbild
„HERZLICH WILLKOMMEN"
Dies steht, auf des Lebens -
Begrüßungsschild

In der Sonne,
da glänzt und funkelt –
und es schimmert das Meer,
so herrlich fein
Natura, ganz ohne Filter –
Ohne betrübte Sinne,
alles rein

Christian Hofmann, geb. 5.3.1986 in
Biedenkopf bei Marburg.

Der Autor lebt im mittelhessischen Marburg an
der Lahn, in dieser Stadt hat sein literarisches
Sammelwerk begonnen.

Auch in diesem Band – Straßengold – vermittelt
er wieder Einblicke in das „Marburger Leben".

Der Autor begann im Jahr 2006, sich mit der
Literatur/Schriftstellerei zu „vereinen".

Aus therapeutischen Zwecken, wie der Autor
immer selbst zitiert – wuchs Liebe zur Sprache
und die Leidenschaft zu Wort und Schrift.

Bonus:
Die letzten Seiten

Das Schulgebäude
Patrouille
Verregnet
Distanz
Ich kann nicht
Alles nur fürs Geld!
10 Finger
Leichen im Keller

Das Schulgebäude
Liedermacher/Biografie 11.07.2021

Ich sehe das Treppenhaus,
durch die Fenster des Schulgebäudes
Die Sonne schimmert durch das Glas,
es ist noch nicht am Abend beleuchtet

Und ich sehe die Stufen und ich sehe all die
Fenster der Klassenzimmer
Noch einmal versinke ich in Erinnerung,
an meine Schulzeit und ich höre noch immer –
Zwischen all den verstaubten Segmenten und
verblassten Momenten, die Schulhoftröte
tröten
Der Unterricht, er beginnt, nun aber eilig und
bloß nicht lange trödeln –
Denn sonst gibt's wieder Ärger und
Schulordnungen abschreiben, „Warum" –
frage ich mich, immer solche Erlebnisse nach
so langer Zeit noch immer hängen bleiben

Doch an diesem Abend
Scheint die Schule so friedlich und still
Schimmernd und glänzend das Gebäude
Im abendlichen, sanften Sommerwind

Patrouille
Kurzbeschreibung 11.07.2021

Wenn die Stadt in den Morgenstunden erwacht
und die Nachtlichter allmählich erlöschen...
... Er patrouilliert all die Straßen
Und dazu noch, all die Gassen in den, noch so
letzten Ecken in dieser Stadt, als sie früh am
Morgen, so viel zu sagen schon hat

„Merkwürdig und sehr seltsam" flüstert er
immer wieder leise vor sich hin
Ganz leise und selbstfragend, ohne
Erklärungen und Gründe zu finden, so versteht
er es selbst nicht so recht
Jede Straße, die er doch kennt wie seine
Westentasche, wirkt plötzlich verändert –
Es ist untypisch, seltsam nahezu, irgendwie
fremd

Mit Skepsis und Kritik,
die ganze Situation betrachtet
Mit allem Scharfsinn und geschultem Auge –
Der Tag, er ist gerade am Erwachen
Denkt er doch an den; „Frühen Vogel, der den
Wurm fängt" – doch diese seltsame
Begebenheit völlig anders ist, als er so denkt!

Verregnet
Gedicht/Poesie 11.07.2021

Ein verregneter Sonntag, eine mit –
Schatten behangene Nacht,
sie wandelt sich in frühe Morgenstunden
Warmer Sommerregen fällt, hält an –
Bis zum Mittag

Fühlbar, spürbar ist die schwüle feuchte
Sommerluft an diesem so, tristen und
farblosen Tag
Die Sonne, die auch lieber bei diesem Anblick
im Ausruhezustand verharrt – und gemütlich
zwischen Wolken, Sternen und dem Mond
ihren allmorgendlichen Aufgang, einfach mal
„Aufgang – sein lässt"!
Sie bleibt kuschelig und eingebettet im Nest,
den Rest vom Tag, sie so verbringen mag!

So hat die monochrome Tagesgestaltung ihre
„Zeit der Welt"
In all der feuchten Luft, in der sie sich
wohlfühlt, verschwendet sie keine Gedanken
daran, dass sie diesen Tag erhellt
Und so ist dieser Sonntag, ohne Sonne ein Tag
Viel mehr, Sonne die schon da ist,
aber sich nicht zeigen mag – also ein Sonntag,
so farblos und grau, aber dennoch erträglich –
die Temperatur auf der Haut

Distanz
Ratgeber 11.07.2021

Mit dem nötigen
ABSTAND
Einer guten Portion
DISTANZ

So kann man besser
BEATRACHTEN
BEDENKEN
VERSTEHEN
Und auch
ANALYSIEREN

Körperliche Aktivität
Sie LOCKERT all die
VERSPANNTEN GEDANKEN

Angespannter Atem im
STRESSZUSTAND
Er ähnelt einem;
~RINGEN UM LUFT~

Ich kann nicht
Autobiografie/Songtext 11.07.2021

Wie soll ich –
Gute Gedanken denn,
zu Papier bringen –
Wenn der Kopf benebelt ist!?

Warum soll ich –
„Schöne Dinge" schreiben,
wenn mir gerade alles andere –
Als zum Lachen ist!?

Für wen, an mir –
Soll ich etwas verstellen!?
In meinem dunklen Gemüt, da können –
Genau nur diese Zeilen mein Licht erhellen!

Bridge:
Und dann doch –
Ja, mal hin und wieder eine Erkenntnis
Dann und wann –
Einsicht, sie empfängt mich!

Refrain:
Damals noch mit manchem Depp
umhergezogen
Heute ich bin ich Gelehrter!
Altes Leben hinter mir
Wie; „Die Leiden des jungen Werther"! **

Ein paar Falten auf der Stirn
Die ersten grauen Haare!
Alles Gute, es währt lang –
Auf die Reife all der Jahre!

So viel im Leben angefangen
So viel Einsatz in Vieles gesteckt!
Ich fühle mich so leer, verloren!
In 1000 Gedanken bin ich verstrickt!

Ständig habe ich Fluchtgedanken
Ständig will ich neuanfangen
Ständig fühle ich mich unwohl
Diese Last – sie scheint mein Thron!

Ich will endlich ohne Leiden sein!
Doch ohne Schreiben kann ich nicht!
Geborgen in so vielen Wörtern sein –
Mich trennen, von ihnen, kann ich nicht!

Kann ich nicht!
Kann ich nicht!

ICH KANN ES NICHT!

*Quelle
Titel von Johann Wolfgang von Goethe, 1774

Alles fürs Geld!
Gesellschaft 11.07.2021

Alles fürs Geld
Denn um dieses,
dreht sich doch –
Die ganze Welt

Ob Sachgegenstand
Ob aus erster oder zweiter Hand
Ob Leihgabe auf Leihbasis
Nur das Bare wahres ist!

Alles nur fürs Geld
Es wird bezahlt!
Dadurch verdient!
Geklickt, gekauft, bestellt!

Ob Leasing oder "by rent"
Ob full oder flat –
Es geht um die Moneten
Die Scheinchen, die gern jeder hätt'

Alles nur fürs Geld
Dienste für es bestellt!
Ob billig oder halt sündhaft teuer!
Für Geld, werden Menschen zum Ungeheuer!

10 Finger
Kindertext 11.07.2021

Wir haben;
2 Füße, 10 Zehen
2 Hände und 10 Finger

Mit dem Mund können wir singen
Mit den Füßen können wir springen
Mit den Augen können wir sehen
Mit den Füßen auch, stehen und gehen

Wir können lernen, lesen,
rechnen und schreiben
Buchstaben und Zahlen
entsprechend aneinanderreihen

Wir wissen nicht alles,
doch wir können lernen
Wir lernen so Vieles –
Singen über Sonne, Mond und von Sternen

Wissen die Nacht ist dunkel
Und der Tag ist lichterhellt
Wir wissen die Erde ist eine Kugel
Und es dreht sich diese Welt

Leichen im Keller
Lebensweisheit/Beruf 12.07.2021

Viele Jahre schon –
Bin ich nun berufstätig
Doch dazulernen dies tu ich –
Auch stetig

Vom 17-jährigen naiven Azubi
Ging ich durch die Industrie
Produktion und Zeitarbeit –
Vieles erlebt, habe ich dabei!

Heute bin ich etwas älter
Gar zu sagen, ein „alter Hase"!?
Naja, verdächtige Düfte jedenfalls,
schnüffeln nun früher – meine Nase!

Wo gearbeitet wird
Da entstehen Geschichten
Machen wir uns also nichts vor!
Es sind alles doch, die Lebensechten

Und heute, so weiß ich –
Nun wie früher, schon schneller
Jedes Unternehmen, jeder Betrieb
Hat doch seine „Leichen im Keller"!